ANALIZA KSIĄŻKI

AF126488

Dziennik

• • • • • • • • • • • • • • •

ANNE FRANK

ANALIZA KSIĄŻKI

Napisany przez Claire Mathot
Przetłumaczony przez Kâmil Kowalski

Dziennik

ANNE FRANK

ANNE FRANK   **5**

Niemiecka autorka pamiętników   5

DZIENNIK   **7**

Pamiętnik skazanej na śmierć Żydówki   7

STRESZCZENIE   **8**

Przed ukryciem się   8

Ukrywając się   8

Ósma osoba   9

Szczególny związek w aneksie   11

Tragiczne zakończenie   12

STUDIUM POSTACI   **13**

Anne   13

Edith Frank   15

Otto Frank   16

Margot Frank   16

Rodzina van Daan (prawdziwe nazwisko van Pels)   17

Albert Dussel (prawdziwe nazwisko Fritz Pfeffer)   18

Obrońcy   18

ANALIZA   **19**

Kontekst historyczny   19

Spontaniczność i autentyczność   20

Życie w ukryciu   23

Publikacja i odbiór   25

Anna i Zlata, 50 lat później   26

DALSZA REFLEKSJA   **29**

Kilka pytań do przemyślenia...   29

DALSZE CZYTANIE   **31**

Wydanie referencyjne   31

Badania referencyjne   31

Adaptacje   31

ANNE FRANK

NIEMIECKA AUTORKA PAMIĘTNIKÓW

- **Urodziła się we Frankfurcie w 1929 roku.**

- **Zginęła w obozie koncentracyjnym Bergen-Belsen w 1945 roku.**

- **Prace godne uwagi:**

  - *Pamiętnik* (1947), powieść autobiograficzna

  - *Tales from the Secret Annex* (1949, zmienione 2003), różne pisma prozatorskie

Anne Frank była żydowską dziewczynką, która stała się symbolem prześladowania i eksterminacji Żydów w czasach reżimu nazistowskiego. Nasilający się antysemityzm i uchwalanie coraz ostrzejszych przepisów antyżydowskich w latach 30. zmusiły jej rodzinę do emigracji z Niemiec do Holandii, a w końcu do ukrywania się.

Anne wraz z siedmioma innymi Żydami spędziła dwa lata ukrywając się w przybudówce budynku w centrum Amsterdamu, gdzie pracował jej ojciec. Jej marzeniem było zostać pisarką lub dziennikarką, a w czasie ukrywania się napisała nie tylko swój słynny dziennik, ale także opowiadania, eseje i osobiste wspomnienia, które zostały opublikowane w 1949 roku pod tytułem *Tales from the Secret Annex*.

Rodzina została aresztowana w sierpniu 1944 r., prawdopodobnie po donosie informatora i deportowana. Anne trafiła do obozu koncentracyjnego Bergen-Belsen, gdzie zachorowała na tyfus i zmarła na początku 1945 roku.

DZIENNIK

PAMIĘTNIK SKAZANEJ NA ŚMIERĆ ŻYDÓWKI

- **Gatunek:** pamiętnik osobisty

- **Wydanie referencyjne:** Frank, A. (2000) *The Diary of a Young Girl*. Trans. Massotty, S. London: Penguin.

- **Pierwsze wydanie:** 1947

- **Tematyka:** II wojna światowa, antysemityzm, ukrywanie się, przyjaźń, deportacja, strach

W 1947 roku Otto Frank zdecydował się opublikować dziennik swojej córki pod tytułem *Het Achterhuis* ("The Secret Annex"). W przeciwieństwie do większości opublikowanych relacji z czasów II wojny światowej, tekst ten miał mieć charakter prywatny: w swoim dzienniku Anne opisuje swoje codzienne życie w ukryciu, ze wszystkimi związanymi z tym ograniczeniami, zastanawia się nad swoją osobowością, relacjami z innymi ludźmi i wojną w ogóle.

Pamiętnik to jedna z najpoczytniejszych książek na świecie: do dziś sprzedała się w ponad 25 milionach egzemplarzy i została przetłumaczona na ponad 50 języków.

STRESZCZENIE

PRZED UKRYCIEM SIĘ

Dziennik rozpoczyna się 12 czerwca 1942 roku, w dniu 13 urodzin Anne. Dziennik został jej podarowany jako prezent urodzinowy. W tym czasie Anne wiedzie stosunkowo spokojne życie w Amsterdamie: spędza czas ze swoimi szkolnymi przyjaciółmi, dostaje upomnienia za zbyt długie rozmowy w klasie i ma kilku adoratorów, którzy jej nie interesują.

Obok tych typowych dla nastolatków zmartwień, Anne pisze również o napiętej sytuacji w ówczesnej Europie. W szczególności wspomina o antyżydowskich ustawach wprowadzonych przez Hitlera (niemiecki przywódca, 1889-1945), które są teraz egzekwowane w okupowanej Holandii (Żydzi są między innymi zmuszani do noszenia żółtej gwiazdy na ubraniu i mają zakaz korzystania z transportu publicznego, chodzenia do miejsc rozrywki i odwiedzania domów chrześcijan).

UKRYWAJĄC SIĘ

Na początku lipca 1942 roku ojciec Anne, Otto, informuje ją, że wkrótce będą się ukrywać. Wyjazd zaplanowany jest pierwotnie na 16 lipca, ale zostaje przyspieszony o tydzień z powodu niepokojącego obrotu wydarzeń: Margot, starsza siostra Anne, zostaje powołana do pracy w obozie w Niemczech. Anne pisze: "Byłam oszołomiona. Wezwanie: każdy wie, co to oznacza.

Przez głowę przebiegały mi wizje obozów koncentracyjnych i samotnych cel" (środa, 8 lipca 1942).

Następnego dnia rodzina Franków przenosi się do Aneksu, czyli nieużywanych pomieszczeń budynku, w którym pracuje Otto, nie wiedząc, że pozostanie tam przez ponad dwa lata. Pracownicy ojca Anne (Miep, Bep, pan Kleiman i pan Kugler) są wtajemniczeni w tajemnicę i będą odpowiedzialni za dostarczanie prowiantu dla ukrywających się. Anne wie, że jej beztroskie dzieciństwo już się skończyło, ale wciąż trudno jej myśleć o Aneksie jako o swoim nowym domu.

Rodzina van Daan, w skład której wchodzi partner biznesowy i przyjaciel Ottona, jego żona i ich syn, dołącza do nich 13 lipca. Frankowie dowiadują się, że krążą plotki o ich nagłym zniknięciu. Początkowo Anne jest zachwycona przybyciem nowych towarzyszy, ale nowość szybko się wyczerpuje i dochodzi do spięć: "Myślę, że to dziwne, że dorośli ludzie kłócą się tak łatwo, tak często i o tak drobne sprawy" (poniedziałek, 28 września 1942).

Anne często znajduje się w centrum tych sporów, ponieważ van Daanowie zarzucają jej zbytnią gadatliwość i zarozumiałość. Spotyka się również z matką i siostrą, z którymi ma wrażenie, że niewiele ją łączy.

ÓSMA OSOBA

W listopadzie dołącza do nich w aneksie dentysta Albert Dussel i wprowadza się do pokoju Anne.

Z okna Aneksu regularnie obserwuje łapanki Żydów i czuje się winna, że może spać w łóżku każdej nocy, podczas gdy tak wiele osób jest aresztowanych i deportowanych: "Nie mogę przestać myśleć o tych, którzy odeszli. Łapię się na tym, że się śmieję i pamiętam, że to wstyd być tak wesołą" (piątek, 20 listopada 1942).

Los Żydów i działania wojenne zaprzątają myśli wszystkich mieszkańców Aneksu, ale także inne sprawy, które dotyczą ich bezpośrednio: obawiają się, że nowy właściciel budynku będzie chciał odwiedzić Aneks; nie ufają nowemu sklepikarzowi, który mógłby donieść na nich; przeraża ich myśl, że zostaną odkryci podczas włamania; obawiają się o swoje życie podczas każdego bombardowania i każdej rundy walki powietrznej.

Muszą też radzić sobie z wieloma osobistymi problemami, takimi jak brak pieniędzy, który zmusza van Daanów do sprzedaży części odzieży, czy krótkowzroczność Anne. Ponadto zdają sobie sprawę, że ich przetrwanie zależy od innych ludzi, ponieważ wszystko, co mają (tkaniny na ubrania, książki itp.), pochodzi od osób udzielających im pomocy, a kwestia zaopatrzenia w żywność jest stałym problemem. Żywność otrzymują tylko dzięki zakupom od swoich opiekunów, a ziemniaki daje im niejaki pan van Hoeven.

Poza tymi zmartwieniami, dni w Aneksie są tak monotonne, że Anne poświęca kilka wpisów do dziennika na opisanie tamtejszych wieczorów, nocy i posiłków. Jedyne rozrywki mieszkańców to słuchanie radia, czytanie książek i gazet oraz nauka (przedmioty to m.in. stenogramy, francuski i angielski). Anne szczególnie interesuje się historią, mitologią, genealogią królewską i kinem, a także poświęca część czasu na pisanie literatury pięknej.

SZCZEGÓLNY ZWIĄZEK W ANEKSIE

Ania czuje się niezrozumiana i często płacze w nocy w łóżku. W końcu zwierza się Peterowi i zaczyna coraz częściej odwiedzać jego pokój, mimo że boi się go niepokoić.

Dwoje nastolatków rozmawia na różne tematy, w tym na temat ich osobowości, seksualności i relacji z rodzicami. W milczeniu spoglądają też przez okno. Początkowo Anne mówi, że nie jest zakochana w Peterze, ponieważ kocha innego chłopca o tym samym imieniu. Kiedy on ukazuje się jej we śnie, jest głęboko wstrząśnięta: "Wydaje mi się, jakbym od nocy, kiedy miałam ten sen, dorosła, jakbym stała się bardziej niezależna" (sobota, 22 stycznia, 1944).

Jednak w miarę zbliżania się dwójki przyjaciół rozkwitają między nimi głębsze uczucia: "W międzyczasie rzeczy stają się tu coraz wspanialsze. Myślę, Kitty, że w Aneksie może się rozwijać prawdziwa miłość" (środa, 22 marca, 1944). Prowadzi to do jej pierwszego pocałunku.

We wtorek 28 marca 1944 r. minister rządu Bolkestein ogłasza przez radio, że relacje zawarte w listach i dziennikach zostaną po wojnie zebrane i opracowane. To inspiruje Anne do ponownego podęcia

pisania swojego dziennika: "Proszę sobie wyobrazić, jak interesujące byłoby, gdybym wydała powieść o Tajnym Aneksie. Już sam tytuł sprawiłby, że ludzie myśleliby, że to kryminał" (środa, 29 marca 1944).

W kwietniu o mało nie zostają odkryci po kolejnym włamaniu – stróż nocny zauważa dziurę w drzwiach i w obecności policjanta sprawdza wnętrze budynku.

TRAGICZNE ZAKOŃCZENIE

Anne pogrąża się w rozpaczy: "Czuję się bardziej nieszczęśliwa niż w ciągu ostatnich miesięcy. Nawet po włamaniu nie czułam się tak zupełnie złamana, wewnątrz i na zewnątrz." (piątek, 26 maja 1944). Pociesza się, gdy dowiaduje się, że rozpoczęły się lądowania w Normandii i codziennie śledzi wiadomości o postępach Brytyjczyków.

Ostatni wpis w dzienniku jest datowany na 1 sierpnia 1944 roku. Anne omawia w nim swoją ukrytą osobowość, której nigdy nie ujawnia, a która według niej jest głębsza i piękniejsza niż ta, którą pokazuje innym ludziom. Trzy dni później mieszkańcy Aneksu zostają aresztowani.

STUDIUM POSTACI

ANNE

Anne urodziła się 12 czerwca 1929 roku i jest najmłodszą mieszkanką oflagu. Kiedy zaczyna pisać swój dziennik, kończy właśnie 13 lat i dzieli się dwoma latami życia, zanim zostanie aresztowana 4 sierpnia 1944 roku. W ciągu tych dwóch lat jej dojrzałość widoczna jest w interakcjach z innymi ludźmi i w zmieniającym się spojrzeniu na świat, co zapisuje w swoim dzienniku.

O jej wyglądzie fizycznym nie dowiadujemy się wiele. Pewnego dnia pyta swoją siostrę Margot, czy jest bardzo brzydka, a Margot odpowiada, że jest "w porządku i ma ładne oczy" (środa, 12 października 1944).

W trakcie powieści przechodzi szereg zmian psychicznych i emocjonalnych: kiedy rodzina po raz pierwszy ukrywa się, nadal czuje się małą dziewczynką, a jej myśli krążą głównie wokół przyjaciół, prezentów urodzinowych i chłopców, których nie lubi. Jest żywiołowa i hałaśliwa, często spotyka się z naganą ze strony dorosłych, którzy uważają ją za nadmiernie gadatliwą, wścibską i rozpieszczoną. Chociaż Ania wie, że nie jest idealna, nie jest dla siebie zbyt surowa i wie, że jest żywa i wesoła.

Przez większość czasu krytyka ze strony dorosłych nie przeszkadza jej, ale czasami wywołuje w niej złość lub smutek: "Chciałabym prosić Boga, żeby dał mi inną osobowość, taką, która nie będzie wszystkich antagonizować" (sobota, 30 stycznia 1943). Z wiekiem staje się bardziej akceptująca dla swojej silnej osobowości i dochodzi do przekonania, że jej cechy (które dorośli widzą jako wady) pozwalają jej pokonywać przeszkody: "Stawiam czoła życiu z niezwykłą odwagą. Czuję się taka silna i zdolna do dźwigania ciężarów, taka młoda i wolna! Kiedy po raz pierwszy zdałam sobie z tego sprawę, ucieszyłam się, bo to znaczy, że łatwiej zniosę ciosy, jakie niesie życie" (sobota, 15 lipca 1944).

Relacje Anne z innymi mieszkańcami aneksu są często napięte: źle dogaduje się z siostrą (o którą jest trochę zazdrosna) i matką (którą uważa za zbyt odległą emocjonalnie), i choć kocha ojca, z którym wydaje się mieć bliższe relacje, pod koniec dziennika (wiosna i lato 1944) oddala się od niego, gdyż czuje, że on już jej nie rozumie.

W ostrych słowach wypowiada się także o innych osobach, które z nimi mieszkają (państwo van Daan, Peter i Albert Dussel): pisze na przykład, że pani van Daan jest dla niej nie do zniesienia (sobota, 22 stycznia 1944) i twierdzi, że Peter jest leniwy i słaby (środa, 2 września 1942). Chociaż w ciągu dwóch lat spędzonych z nimi staje się mniej osądzająca, nadal ma wysokie wymagania wobec innych ludzi.

Być może dzięki nowoczesnej edukacji, którą mimo dezaprobaty van Daanów wspierają jej rodzice, inteligentnie i z ciekawością patrzy na otaczający ją świat, a zwłaszcza na klimat polityczny panujący w Europie w czasie wojny. W wielu wpisach do dziennika omawia antyżydowskie ustawy wprowadzone przez reżim nazistowski oraz wiadomości o wojnie, które słyszy w radiu. Dzięki swojemu wykształceniu, temu, że ciągle się uczy (w Aneksie nie ma nic innego do roboty) i trudnym warunkom życia jest bardzo dojrzała jak na swój wiek, a jej własna dojrzałość czasami ją zaskakuje (piątek, 5 maja 1944).

W Aneksie zaczyna interesować się takimi tematami jak seksualność, religia i miejsce kobiet w społeczeństwie. Nie chce spędzić życia jako gospodyni domowa, marzy o byciu pisarką lub dziennikarką: "Wymyśliłam sobie, że będę prowadzić inne życie niż inne dziewczyny i nie zostanę później zwykłą gospodynią domową" (środa, 3 maja 1944).

EDITH FRANK

Relacje Anne z jej matką Edith są szczególnie napięte: nie są sobie bliskie i często się kłócą. Dla Anne, Edith stanowi przeciwieństwo tego, czym powinna być matka. Ma wrażenie, że sama musi być odpowiedzialna za swoje wychowanie ("Tęsknię – każdego dnia i o każdej godzinie dnia – za matką, która mnie rozumie", piątek, 24 grudnia 1943).

Kilkakrotnie Anne jest bardzo krytyczna wobec matki, ale we wpisie z 2 stycznia 1944 roku uznaje swoje wady i zyskuje poczucie perspektywy ("Skończył się okres łzawego osądzania matki. Ja zmądrzałam, a nerwy Matki są trochę spokojniejsze"). Edyta zdaje sobie sprawę, że jej relacje z córką są trudne, co widać, gdy płacze po tym, jak Anne odmawia z nią modlitwy (piątek, 2 kwietnia 1943).

OTTO FRANK

Ojciec Anne był dyrektorem firmy Opekta, a rodzina ukrywa się na terenie firmy. Anne darzy go dużym szacunkiem i czasem myśli, że jest to jedyny członek rodziny, który ją rozumie. Jest spokojny i optymistyczny, nigdy się nie skarży.

Anne szuka u niego pocieszenia i otuchy, gdy dochodzi do bombardowania. Pomaga jej w nauce i jest tym, do którego zwracają się inni, gdy trzeba podjąć decyzję.

Jednak chwilami Anne czuje się przez niego niezrozumiana i zaniedbana, co widać w liście, który do niego pisze: "Kiedy miałam problemy, wszyscy – w tym także Ty – zamykali oczy i uszy i nie pomagali mi" (piątek, 5 maja 1944).

Otto jako jedyny z ośmiu ukrywających się osób przeżył deportację. Po wojnie ożenił się ponownie i przeniósł do Szwajcarii, gdzie mieszkał do śmierci w 1980 roku.

MARGOT FRANK

Margot jest trzy lata starsza od Anne i ma zupełnie inną osobowość niż jej siostra: jest powściągliwa prawie do granic możliwości, nigdy nie wywołuje kłótni i jest zdolną uczennicą. Anne jest o nią nieco zazdrosna i sarkastycznie określa ją jako "wzór cnót" (piątek, 1 października 1942).

Czasami Anne nie może znieść swojej siostry i ma wrażenie, że jest ulubienicą ich rodziców ("Czy to tylko przypadek, że ojciec i matka nigdy nie besztają Margot i zawsze za wszystko obwiniają mnie?", sobota, 7 listopada 1942). Jednak w innych momentach pojawiają się dowody na istnienie między nimi więzi (Anne pozwala Margot przeczytać kilka fragmentów swojego dziennika).

Margot chce po wojnie pracować jako pielęgniarka pediatryczna w Palestynie. Prowadziła też pamiętnik, który nigdy nie został odnaleziony.

RODZINA VAN DAAN (PRAWDZIWE NAZWISKO VAN PELS)

Przed 1944 rokiem Anne nie jest szczególnie zżyta z Peterem, którego uważa za nadwrażliwego, leniwego i nudnego ("nieśmiały, niezręczny chłopiec, którego towarzystwo niewiele znaczy", piątek, 14 sierpnia 1942). Jego skrajna nieśmiałość sprawia, że niewiele mówi.

Później staje się powiernikiem Anne. Spędza z nim prawie każde popołudnie i w końcu zakochuje się w nim. Peter mówi jej, że brakuje mu pewności siebie, ale podziwia ją za jej pewność siebie i szybkie odpowiedzi. W ostatnich wpisach do dziennika Anne pisze, że jest rozczarowana Peterem z powodu jego niechęci do religii i słabości charakteru. Po wojnie planuje odwiedzić plantacje w Holenderskich Indiach Wschodnich.

Państwo van Daan często się kłócą, a ich zachowanie czasem irytuje Anne, na przykład, kiedy przy posiłkach oszczędzają najlepsze części dla siebie. Pani van Daan gotuje dla mieszkańców Aneksu. Jest na ogół pogodna, ale Anne często się frustruje, kiedy na nią narzeka lub komentuje jej wykształcenie i wychowanie. Pan van Daan lubi mieć swoje zdanie na każdy temat i staje się bardzo drażliwy, gdy kończą mu się papierosy.

ALBERT DUSSEL (PRAWDZIWE NAZWISKO FRITZ PFEFFER)

Jest ostatnią osobą, która wprowadza się do Aneksu i jedyną, której rodzina mu nie towarzyszy, ponieważ jego dziewczyna jest chrześcijanką i nie musi żyć w ukryciu. Ku swojemu przerażeniu, Anne musi dzielić z nim pokój. Dussel, dentysta, podziela przekonanie pani van Daan, że Anne jest źle wychowana.

Anne irytuje się, gdy odkrywa, że ma on osobisty zapas żywności, uważa, że jest skłonny do podejmowania niepotrzebnego ryzyka (prosi Miep o przyniesienie mu broszury o Mussolinim [włoski dyktator, 1883-1945] i nie popiera nowych środków bezpieczeństwa podjętych po włamaniu). Inni mieszkańcy Aneksu naśmiewają się z jego utraty pamięci i obietnic, które ciągle składa, ale nigdy ich nie dotrzymuje.

OBROŃCY

O mieszkańców Aneksu dbają cztery osoby, które na co dzień służą im nieocenioną pomocą: Kleiman i Kugler, którym powierzono opiekę nad Opektą, oraz Miep i Bep, oraz dwie sekretarki pracujące w budynku. Przynoszą oni żywność, książki, starają się zaspokoić potrzeby materialne mieszkańców. Przynoszą im także wiadomości ze świata zewnętrznego, a ich codzienne wizyty dają im moralne wsparcie. Ukrywający się mają świadomość, że są od nich całkowicie zależni. Anne chwali "heroizm" tych zwykłych ludzi, którzy ryzykują życiem, by im pomóc (piątek, 28 stycznia 1944).

ANALIZA

KONTEKST HISTORYCZNY

Traktat wersalski został podpisany w 1919 roku, w następstwie I wojny światowej (1914-1918), w celu ustanowienia pokoju między zwycięzcami a Niemcami, które zostały zmuszone do zrzeczenia się swoich kolonii i niektórych terytoriów.

Dziesięć lat później krach na Wall Street (1929) w USA doprowadził do Wielkiego Kryzysu, okresu kryzysu, podczas którego gwałtownie wzrosło ubóstwo i bezrobocie. Utorowało to drogę do powstania ideologii totalitarnych, takich jak nazizm w Niemczech, faszyzm we Włoszech i frankizm w Hiszpanii.

Adolf Hitler stanął na czele Niemieckiej Partii Robotniczej w 1921 roku i szybko zmienił jej nazwę na Narodowosocjalistyczną Niemiecką Partię Robotniczą (lepiej znaną jako Partia Nazistowska). Dzięki swojej charyzmie oraz problemom społecznym i gospodarczym kraju, w 1932 roku partia nazistowska stała się największą partią w Niemczech, a rok później Hitler został mianowany kanclerzem. Początkowo zmuszano ich do wpisywania swoich nazwisk do spisu ludności, następnie zobowiązywano do noszenia żółtej gwiazdy na ubraniu i rezygnacji z prowadzenia działalności gospodarczej, a w końcu masowo deportowano i zabijano.

"Niemiecką rasę" uważał za lepszą od wszystkich innych i chciał wyeliminować Żydów, Romów i inne grupy, które nie należały do "aryjskiej rasy" wysokich, czyli blondwłosych i niebieskookich osobników. Z tego powodu rodzina Franków postanowiła opuścić Niemcy w 1933 roku i udać się do Holandii, która w momencie wybuchu konfliktu ogłosiła się neutralna i początkowo była bezpieczna dla Żydów.

Niestety, w maju 1940 roku kraj został zajęty przez Niemcy, które szybko wprowadziły środki dyskryminujące Żydów. Groziła im deportacja do obozów koncentracyjnych, gdzie panowały brutalne i nieludzkie warunki, jeśli uznano ich za zdolnych do pracy, lub do obozów zagłady, gdzie ginęli w komorach gazowych. Niektórzy postanowili przeciwstawić się niemieckiej okupacji i pomóc społeczności żydowskiej, np. ukrywając ją lub dając jej jedzenie, ponosząc przy tym ogromne ryzyko osobiste.

Holandia została wyzwolona w maju 1945 roku, po serii walk, w których zginęły dziesiątki tysięcy osób.

SPONTANICZNOŚĆ I AUTENTYCZNOŚĆ

Najlepsza przyjaciółka Anne, Kitty

Wpisy w dzienniku Anne są adresowane do wymyślonej przyjaciółki, Kitty. Na początku swojego pamiętnika Anne wyjaśnia, że zapisuje swoje myśli na piśmie, ponieważ nie ma prawdziwych przyjaciół (czyli osób, z którymi może swobodnie wyrażać wszystkie swoje myśli), choć lubi spędzać czas z innymi dziewczynami ze szkoły.

Początkowo Anne pisze głównie o dniach spędzonych w szkole lub z ludźmi w jej wieku. Jednak po ukryciu się zmaga się z faktem, że nie ma komu się zwierzyć, a jej pamiętnik staje się czymś więcej niż tylko rozrywką: jest teraz ważnym źródłem wsparcia i pomaga znosić życie w Aneksie ("Najprzyjemniejsza jest możliwość zapisywania wszystkich moich myśli i uczuć; w przeciwnym razie całkowicie bym się udusiła", czwartek, 16 marca 1944 r.).

Pisanie jest też narzędziem samoanalizy, a Anne twierdzi, że potrafi analizować własne zachowanie tak, jakby było to zachowanie innej osoby (czwartek, 6 stycznia, środa, 12 stycznia i sobota, 15 lipca 1944).

Pamiętnik jest więc nieocenzurowaną relacją myśli jego autorki, ponieważ wpisy były przeznaczone dla przyjaciółki, która zachowa je w tajemnicy. To niewątpliwie dzięki tej całkowitej szczerości pamiętnik poruszył tak wielu czytelników.

Obraz wojny z perspektywy dziecka

Choć spojrzenie Anne na wojnę jest bardzo dojrzałe jak na jej wiek, zapewne w wyniku trudów, które przeżyła, to wciąż jest to niewątpliwie spojrzenie młodej nastolatki.

Nie zdecydowała się na spisanie fikcyjnej relacji ze swoich przeżyć po wojnie; kiedy otrzymała dziennik na 13. urodziny, planowała wykorzystać go do zapisania swoich najgłębszych myśli i wyobrażała sobie, że będzie jedyną osobą, która go przeczyta. Jej komentarze na temat innych mieszkańców Aneksu, często mało pochlebne, wyraźnie to ilustrują: "Pani van D. zakręciła się w kółko i dała mi klapsa: twardego, germańskiego, wrednego i wulgarnego, dokładnie tak, jak jakaś gruba, czerwonawa rybaczka. To była radość dla oka. Gdybym umiała rysować, chciałabym naszkicować ją taką, jaka wtedy była. Uderzyła mnie jako taka komiczna, tak głupia, mała i roztrzepana!" (poniedziałek, 28 września 1942).

Kiedy po raz pierwszy wprowadza się do Aneksu, Anne ma bardzo dziecięce spojrzenie na wiele spraw: "Nie sądzę, żebym kiedykolwiek czuła się w tym domu jak w domu, ale to nie znaczy, że go nienawidzę. To raczej jak bycie na wakacjach w jakimś dziwnym pensjonacie" (sobota, 11 lipca 1942). Z czasem jednak jej intencje zmieniają się i zamiast być osobistą, prywatną relacją, jej dziennik staje się zapisem jej doświadczeń, który mogą czytać inni ludzie.

Mimo to nie traci całkowicie dziecięcego spojrzenia na świat, bo choć niezaprzeczalnie boryka się z trudnościami, to jest osłonięta przed najgorszymi trudami wojny. Ma świadomość, że jest szczęściarą w porównaniu z ludźmi, którzy zostali aresztowani lub ukrywają się w gorszych warunkach ("Noc w noc zielone i szare pojazdy wojskowe przemierzają ulice. Pukają do wszystkich drzwi i pytają czy mieszkają tam Żydzi. Jeśli tak, to natychmiast zabierają całą rodzinę. Jeśli nie, to idą do następnego domu", czwartek, 19 listopada 1942 r.), ale nie do końca zdaje sobie sprawę z tego, jak bardzo okoliczności, w których się znalazła, chronią jej niewinność i pozwalają pozostać dzieckiem.

Jest chroniona przez swoją rodzinę i jest jedynie świadkiem okropności wojny przez okno aneksu, a nie doświadcza ich bezpośrednio. Mimo że znajduje się w przerażających sytuacjach (np. gdy do budynku włamuje się policja i prawie zostaje odkryta), zawsze może znaleźć pocieszenie w swojej rodzinie. Choć jej relacje z innymi członkami rodziny są często napięte, stanowią oni dla niej istotny system wsparcia, zwłaszcza ojciec: "Każdej nocy wpełzam do łóżka ojca po pociechę. Wiem, że to brzmi dziecinnie, ale poczekaj, aż to samo stanie się z tobą! Pistolety ack-ack robią tyle hałasu, że nie słychać własnego głosu" (środa, 10 marca 1943).

Nadzieja Anne jest bardziej dziecięca i mniej stateczna niż nadzieja jej rodziców. Jest młoda i pełna życia, wyobraża sobie przyszłość, która pozwala jej zachować nadzieję, że wojna wkrótce się skończy. Jej marzenia o byciu pisarką pozwalają jej odsunąć na bok myśli o strachu i śmierci. Wyobraża sobie również, że dorasta do roli nowoczesnej kobiety, która jest w stanie zmienić świat: "Wiem, że jestem kobietą, kobietą z wewnętrzną siłą i wielką odwagą! Jeśli Bóg pozwoli mi żyć, osiągnę więcej niż Matka kiedykolwiek, sprawię, że mój głos będzie słyszalny, wyjdę na świat i będę pracować dla ludzkości!" (wtorek, 11 kwietnia 1944). Ma nadzieję, że po wojnie podzieli się swoimi doświadczeniami z innymi ludźmi, planuje studiować, doskonalić swój warsztat pisarski i napisać ponownie swój dziennik po wyjściu z Aneksu.

ŻYCIE W UKRYCIU

Pamiętnik można uznać za dokument historyczny o warunkach życia ludzi, którzy żyli w ukryciu podczas II wojny światowej. Życie rodziny Franków zmienia się diametralnie po wprowadzeniu się do Aneksu i choć Anne uważa, że w porównaniu z deportowanymi Żydami są szczęściarzami, a ich warunki życia są lepsze niż większości ukrywających się osób, to jej pamiętnik wyraźnie pokazuje, z jakimi trudnościami muszą sobie radzić mieszkańcy Aneksu:

- **Ich całkowita zależność od innych ludzi**. Nie mają już pełnej kontroli nad własnym życiem i muszą polegać na swoich opiekunach: na przykład, jeśli jeden z ich opiekunów zachoruje, będzie to miało dla nich konsekwencje. Są zaangażowani w losy swoich opiekunów, na których kuponach żywnościowych polegają, i pana van Hoevena, który daje im ziemniaki. Kiedy zostaje on aresztowany, Anne pisze, że nie mogą zrobić nic, poza tym, że będą mniej jeść (czwartek, 25 maja 1944).

- **Ograniczenia materialne**. Cały czas spędzają w zamkniętej przestrzeni i nie mogą nawet wyjść na świeże powietrze. Muszą się myć w wannie, którą każdy z nich niesie do miejsca, w którym według nich będzie miał najwięcej prywatności. Kiedy dzieci wyrastają ze swoich ubrań, nie mogą kupić następnych, a jeśli ktoś zachoruje, nie mogą wezwać lekarza. Ich posiłki są prawie zawsze takie same, a czasami muszą jeść jedzenie, które się zepsuło (poniedziałek, 3 kwietnia 1944, środa, 3 maja 1944).

- **Napięcia w grupie**. Ciągłe mieszkanie z tymi samymi ludźmi nieuchronnie prowadzi do kłótni, które wybuchają regularnie w Aneksie ("Prawdę mówiąc, czasami zapominam, z kim jesteśmy skłóceni, a z kim nie", niedziela, 17 października 1943 r.).

- **Presja psychologiczna**. Strach przed doniesieniem i aresztowaniem jest zawsze z tyłu głowy każdego z nich. Oprócz niezliczonych środków ostrożności, które musieli podejmować na co dzień (nie hałasować w godzinach pracy, nie przechodzić obok okna itp.), każdy zamach i włamanie potęgują ich stres. Nie wiedząc, jak długo będą musieli znosić te warunki, czują się przygnębieni i zaniepokojeni: "Nie mogę wyjść na zewnątrz i jestem przerażona, że nasza kryjówka zostanie odkryta i że zostaniemy zastrzeleni. To jest oczywiście dość ponura perspektywa" (poniedziałek, 28 września 1942 r.).

Wszystkie te trudności są wyraźnie przedstawione w dzienniku Anne i pomagają wyjaśnić jej wyjątkową dojrzałość. Ponadto, dzięki swojej młodości i energii, wydaje się lepiej przygotowana do stawienia czoła męce i lepiej niż otaczający ją dorośli rozumie ryzyko, na jakie się narażają.

PUBLIKACJA I ODBIÓR

W dniu aresztowania mieszkańców Aneksu Miep zebrała zeszyty Anne i inne kartki, na których pisała, i zamknęła je w szufladzie z zamiarem zwrócenia ich później.

Frankowie zostali uwięzieni w Amsterdamie na kilka dni, a następnie przewiezieni w ostatnim konwoju do Auschwitz, obozu zagłady w Polsce. Edith zmarła niemal natychmiast z głodu i wyczerpania, a Anne i Margot zostały deportowane do obozu koncentracyjnego Bergen-Belsen w październiku 1944 roku. Warunki w obozie były przerażające, obie dziewczynki zachorowały na tyfus i zmarły, najprawdopodobniej na początku marca 1945 roku, na kilka tygodni przed wyzwoleniem obozu przez aliantów 12 kwietnia 1945 roku. Otto Frank był jedynym z ośmiu mieszkańców tego domu, który przeżył obóz koncentracyjny.

Po wyzwoleniu wrócił do Holandii. Dowiedział się już o śmierci żony, ale nie miał wiadomości o córkach i rozpoczął ich poszukiwania. Wreszcie w lipcu 1945 r. dwie siostry, które były świadkami śmierci dziewczynek Frank, poinformowały go o ich losie.

Teraz, gdy Miep była pewna, że Anne nie wróci, przekazała swoje pisma Ottonowi, który przeczytał je dopiero we wrześniu 1945 roku. Kiedy już znalazł siłę, by przeczytać dziennik Anne, był oszołomiony tym, jak bardzo jego autorka różni się od dziewczyny, którą znał.

Po pewnym wahaniu Otto zdecydował się spełnić życzenie córki, publikując jej dziennik. Na początku nie mógł znaleźć wydawcy, ale po ukazaniu się artykułu historyka w gazecie *Het Parool*, w czerwcu 1947 roku pisma Anne zostały wydane w tomie zatytułowanym *Het Achterhuis*.

Dziennik został dobrze przyjęty, a 1500 egzemplarzy pierwszego wydania szybko się wyprzedało. Po nim nastąpiło drugie wydanie w grudniu 1947 roku i trzecie w lutym 1948 roku. W latach 50. książka została przetłumaczona na język niemiecki, francuski i angielski. W USA powstał film i adaptacja teatralna.

ANNA I ZLATA, 50 LAT PÓŹNIEJ

Dziennik Zlaty (1993) to kolejny wojenny pamiętnik. Jego autorka, Zlata Filipović (ur. 1980), bośniacka dziewczyna z Sarajewa, poszła za przykładem Anne i prowadziła dziennik w latach 1991-1993, podczas gdy w jej kraju trwała wojna. Konflikt zbrojny w Sarajewie nastąpił po rozpadzie Jugosławii w 1989 roku i trwał od 1992 do 1995 roku. *Dziennik Zlaty* obejmuje pierwszą część konfliktu.

Mimo że pisały w odstępie 50 lat, istnieje wiele podobieństw między sytuacją Anne i Zlaty, ponieważ obie prowadziły dziennik w okresie wojny, która rozpoczęła się, gdy były młodymi nastolatkami, i obie dorastały w cieniu konfliktu i wszystkich trudności, które się z tym wiązały.

Obie pisały tak, jakby rozmawiały z prawdziwą osobą (Anne nazywała swój dziennik "Kitty", a Zlata swój "Mimmy"), co daje czytelnikowi wrażenie, że autor zwraca się bezpośrednio do niego. Obie też pisały na ten sam temat, czyli o swoim codziennym życiu, które charakteryzowało się zarówno ciągłym strachem przed wojną, jak i próbą prowadzenia normalnego życia.

Podobieństwa można dostrzec także w sposobie, w jaki rozwija się ich pisarstwo: początkowo przyjmują dziecięcą perspektywę, skupiając swoją uwagę na przyjaciołach i przyjęciach, ale stopniowo, w miarę upływu czasu, stają się bardziej dojrzałe. W przeciwieństwie do Anne, Zlata nie została zmuszona do ukrywania się i żyje w ciągłym zagrożeniu bombami i snajperami, ale dzieli problemy związane z uwięzieniem, które rzucają cień na egzystencję Anne. Zwłaszcza latem 1992 roku wyjście z domu było dla niej zbyt niebezpieczne, musiała się też martwić o brak żywności, wody i prądu. Wreszcie obie dziewczyny piszą o absurdzie dzielenia ludzi na kategorie i toczenia o nie wojen (prawa antyżydowskie w Pamiętniku młodej *dziewczyny i* rozdźwięk między Serbami, muzułmanami i Chorwatami w *Dzienniku Zlaty*).

Gdy tylko jej pamiętnik został opublikowany, Zlata została porównana do Anne Frank, ponieważ obie przedstawiły perspektywę młodego nastolatka na konflikt, którego nie mógł do końca zrozumieć. Zlata była nawet świadoma tego, że Anne pisała: "Niektórzy ludzie porównują mnie z Anne Frank. To mnie przeraża, Mimmy. Nie chcę cierpieć jej losu" (Filipović, 1995: 159-160).

Zlata nie podzieliła jednak tragicznego losu Anne: podczas gdy Anna została deportowana i zmarła na chorobę nabytą w obozach pod koniec wojny, Zlata uciekła do Paryża w 1993 roku, a później mieszkała w Wielkiej Brytanii. Podczas gdy Anne Frank po śmierci stała się znana na całym świecie dzięki swojemu pamiętnikowi, pamiętnik Zlaty dał jej możliwość opuszczenia Sarajewa przed końcem wojny. Został on opublikowany przez UNICEF jako relacja naocznego świadka wojny, a ONZ mogło wywieźć Zlatę daleko od okropności konfliktu. Obie dziewczyny marzyły o tym, by zostać dziennikarkami; Anne nigdy nie miała szansy spełnić tego marzenia, ale Zlata została pisarką i reżyserką filmów dokumentalnych.

Dzięki żywemu, radosnemu charakterowi, przymusowemu zamknięciu w więzieniu i daremnej próbie przetrwania Holocaustu, wrażliwym, introspektywnym pismom i spostrzegawczości łączącej dziecięce spojrzenie z niezwykłą dojrzałością, Anne Frank pozostaje postacią fascynującą. Dziesiątki lat po śmierci Anne Frank nadal mówi nam o tragedii i nadziei, jaką niesie ze sobą wojna, i nadal wywiera wpływ na pokolenia nastolatków i dorosłych.

DALSZA REFLEKSJA

KILKA PYTAŃ DO PRZEMYŚLENIA...

- Posługując się przykładami z powieści, spróbuj określić cechy narracji autobiograficznych.

- Jakie są zalety uwzględniania subiektywnych perspektyw w podręcznikach historii?

- Jakie informacje zawiera ten dziennik? Spróbuj wyjaśnić, co motywowało Anne do kontynuowania pisania tego dziennika przez cały okres jej uwięzienia w aneksie.

- Twoim zdaniem, dlaczego *Pamiętnik* jest jedną z najlepiej sprzedających się książek na świecie?

- Rodzina Franków postanowiła złamać prawo, ukrywając się. Jednak w dzisiejszych czasach nikt nie przypiąłby im etykietki przestępców. Co usprawiedliwia ich nieposłuszeństwo?

- Co to był ruch oporu? Jaką nazwę nadano ludziom, którzy wspomagali armię niemiecką podczas II wojny światowej? Zbadaj te dwa tematy.

- Forma osobistego pamiętnika może być wykorzystana w literaturze pięknej. Porównaj *Pamiętnik* z opowiadaniem "Horla" (1887) francuskiego pisarza Guy de Maupassanta (1850-1893). Jakie są różnice między tymi dwoma utworami? Co wnosi ta forma pisarska do każdego z opowiadań?

- Jakie są podobieństwa i różnice między *"Pamiętnikiem"* a filmem *"Monsieur Batignol"* z 2002 roku autorstwa francuskiego aktora i reżysera Gérarda Jugnota (ur. 1951)?

- Anne Frank napisała swój pamiętnik ponad 60 lat temu, a w ciągu tych lat świat bardzo się zmienił. Jednak dzisiejsze nastolatki nadal mogą odnieść się do niektórych aspektów jej życia. Co to są za aspekty?

- Napisz trzy strony pamiętnika z punktu widzenia afgańskiego dziecka w Kabulu, palestyńskiego dziecka mieszkającego w Strefie Gazy lub młodego tybetańskiego mnicha.

DALSZE CZYTANIE

WYDANIE REFERENCYJNE

Frank, A. (2000) *Dziennik*. Trans. Massotty, S. London: Penguin

BADANIA REFERENCYJNE

(Bez daty) *Anne Frank*. [Online]. [Dostęp 21 lutego 2018]. Dostępny w: <http://www.annefrank.org/>.

Filipović, Z. (1995) *Pamiętnik Zlaty*. Trans. Pribichevich-Zoric, C. New York: Penguin.

Lee, C. A. (2001) *Opowieść Anne Frank*. London: Penguin.

Saunders, J. J. (2016) Anne Frank: Her Life and Legacy. London: Endeavour Press Ltd.

ADAPTACJE

Pamiętnik Anne Frank (Anne Frank's Diary) (1999) [animacja]. Julian Y. Wolff. Dyr. UK: A-N Production Committee.

Dziennik Anne Frank (2008) [miniserial telewizyjny]. Jon Jones. reż. Wielka Brytania: Darlow Smithson Productions.

Chcemy usłyszeć od Ciebie, co się dzieje!
Zostaw komentarz na temat swojej internetowej biblioteki
i podziel się swoimi ulubionymi książkami w mediach społecznościowych!

Dlaczego warto wybrać Must Read?

Dowiedz się wszystkiego, co musisz wiedzieć o książce dzięki naszym zwięzłym i dogłębnym streszczeniom i analizom!

Odkryj to, co najlepsze w literaturze w zupełnie nowym świetle!

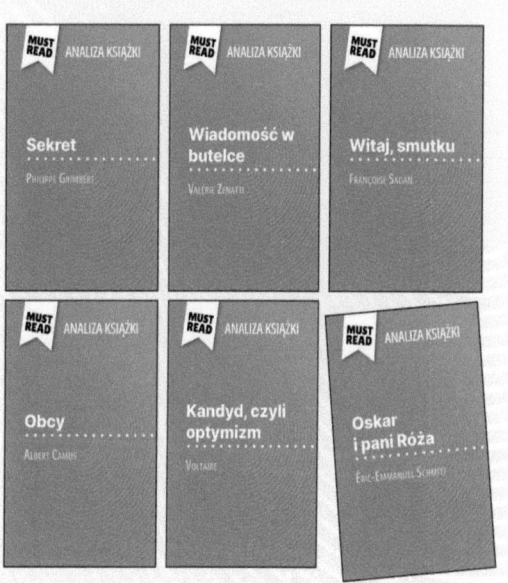

www.50minutes.com

Master ISBN: 9782808693653
Papierowy ISBN: 9782808615051
Depozyt prawny: D/2023/12603/1785

Verhaal: © Primento

Projekt cyfrowy: Primento, cyfrowy partner wydawców.